© Copyright September 2019 Inge Harländer

Alle Inhalte, insbesondere Fotografien und Texte sind urheberrechtlich geschützt. Nachdruck, auch auszugsweise, nicht gestattet.
Alle Rechte, einschließlich der Vervielfältigung, Veröffentlichung und Bearbeitung bleiben vorbehalten.

Titelfoto Hildegard Böhmke

Umschlaggestaltung Bergith Lassen
www.bergithlassen.de

Herstellung und Verlag:
BoD Book on Demand Norderstedt
ISBN: 9783741241369

Inge Harländer

Wir waren Kinder in Heide

Fotochronik Band 2

Mein ganz herzlicher Dank geht an alle ehemaligen Kinder, die in Heide groß geworden sind und mir vertrauensvoll ihre Fotoalben geöffnet haben. Der Einfachheit halber nenne ich sie in alphabetischer Reihenfolge:

Jörg Bertschis - Uwe Beschenbossel - Heinke und Klaus Bies - Elke Boyens - Inge Brandenburg - Erika Eggers - Sybille Eggert - Renate Exner - Peter Fahrenkrog - Gudrun und Kurt Finke - Brigitte Hamburger - Edgar Hansen - Christa Hellmann - Karin Jätschmann - Hildegard und Karl Kläden - Dörte Lohse - Ilse und Helmut Lorenzen - Helga Matthies - Jürgen Muhl - Kurt Peters - Veronica und Peter Peters - Ingrid Ries - Franz Schandert - Heinke Stamm - Christel und Siegfried Steffensen - Christel Schmidt - Franziska Thedens - Frauke Thole - Ute Trümpler - Edith Vehrs - Anneliese Walz - Christel Westphalen - Dieter Wolf
Museumsinsel Lüttenheid/ Stadtarchiv Heide 3 Fotos zur Gartenparzelle Ferdinand Peters

Eine besondere Freude ist es für mich, dass unser Bürgermeister, Herr Oliver Schmidt-Gutzat, für diese Fotochronik ein Vorwort geschrieben hat. Herzlichen Dank, Herr Bürgermeister!
Das nebenstehende Foto habe ich im Rathaus aufgenommen.

Inge Harländer ist nicht nur Romanautorin; wie nur wenige andere hat sie sich der Geschichte ihrer Heimatstadt Heide verschrieben und bereits mehrere Bücher herausgegeben. Diese Bücher über Heide zeichnen sich durch besondere Anschaulichkeit aus. Zur Vorbereitung recherchiert Inge Harländer in Heider Archiven und verbringt viel Zeit in Gesprächen mit Heiderinnen und Heidern. Geschichte zum Anfassen, dazu gehören beispielsweise „Geschichte(n) der Blunck-Colonie und des Tivoli", ein Buch, das sie gemeinsam mit Horst Peters verfasst hat. Dazu gehört auch „Wir waren Kinder in Heide", in denen Kinderfotos bekannter oder unbekannter Heider Persönlichkeiten mit kurzen erläuternden Texten abgebildet sind.

Die Leserinnen und Leser gewinnen dadurch nicht nur einmalige Einblicke in Heider Kindheiten zu früheren Zeiten. Gleichzeitig lernt man über die Geschichte unserer Stadt und kann sich an Ansichten bekannter, unbekannter und zum Teil nicht mehr existierender Örtlichkeiten erfreuen.

Bei ihren Recherchen hat Inge Harländer festgestellt, dass die Geschichte von Kindheiten in Heide noch nicht zu Ende erzählt ist. Folgerichtig liegt in diesem Buch die Fortsetzung vor, ein Band, der nicht nur für die Alteingesessenen, sondern auch für Neudithmarscherinnen und- dithmarscher empfehlenswert ist.

Bürgermeister der Stadt Heide
Oliver Schmidt-Gutzat

Sie finden:

Einige Worte vorab	Seite 7
1910er bis 1920er Jahre	Seite 9
Erinnern Sie sich an Erna Weißenborn?	Seite 24
1930er Jahre	Seite 26
Emil Lehmanns Frage an mich	Seite 53
Haben Sie schon einmal von „Elias Regenwurm" gehört?	Seite 54
1940er Jahre	Seite 58
1950er Jahre	Seite 85
1960er Jahre	Seite 113
Schulzeit Wussten Sie, dass Lehrerinnen einst unverheiratet sein mussten?	Seite 121
Das alte Rathaus	Seite 155
Das Heider Vogelschießen	Seite 157
Winterzeit	Seite 195

Einige Worte vorab

Bereits in Band Eins hatte ich Ihnen die wichtigsten Daten die Stadt Heide betreffend mitgeteilt.
In dieser Ausgabe erfahren Sie einige Begebenheiten, die auch zur Heider Geschichte gehören.
Als ich überlegte, von welchen Heider/innen ich Ihnen erzählen könnte, fiel mir Erna Weißenborn, von der ich mehrere Bücher besitze, ein.
Ich nahm Kontakt mit ihrer Nachlassverwalterin, Frau Sybille Eggert, auf.
Sie war so nett, mir das in dieser Chronik vorhandene Foto von Erna Weißenborn und ihrer Tochter zu senden.
Da Frau Eggert auch ein Heider Kind war, stellte sie ebenfalls eigene Fotos zur Verfügung.
Dann erinnerte ich mich an eine Erzählung meines Vaters über „Elias Regenwurm", den er als Kind erlebte. Ich machte mich auf die Suche nach Zeitzeugen, die ich befragen konnte und bin glücklich, einige gefunden zu haben.
Wegen der vielen Übereinstimmungen, die ich bei der Befragung erfuhr, kann ich die bewegende Geschichte von „Elias Regenwurm" an Sie weitergeben.

Im kommenden Jahr darf unsere Stadt, die wir alle als Kinder erlebten, feiern, denn es ist 150 Jahre her, dass sie am 7. Juli 1870 die Stadtrechte erhalten hat.
Vieles hat sich seither verändert.
Nicht nur wir Menschen müssen uns den stetig wachsenden Herausforderungen der Zeit zurecht finden. Nein, auch die Stadt mit ihren Gebäuden und Straßen ist stetem Wandel ausgesetzt.
So Vieles aus dem ehemals gemütlich wirkenden Heide ist verschwunden.
Viele alte Gebäude und Vorgärten gibt es nicht mehr. Zum Teil mussten sie Straßenverbreiterungen weichen oder fielen dem Abriss zum Opfer.
Im Geist der Zeit sind in den letzten Jahrzehnten neue Gebäude und ganze Straßenzüge entstanden.
Was wohl die Günder des „Heider Verschönerungsvereins von 1844" sagen würden, wenn sie heute durch unsere Stadt spazierten?

Irgendwann stellte sich mir die Frage, was die Kinder in den vergangenen Jahrzehnten gerne gegessen haben. Heute sind es wohl überwiegend Pizza, Pasta, Pommes und Fischstäbchen. Dies alles gab es zur Zeit der hier abgebildeten Kinder nicht.

Also fragte ich in der älteren Generation. Was dabei herausgekommen ist, verrate ich Ihnen vor den Fotos der einzelnen Jahrzehnte.

Einige der ehemaligen Heider Kinder sind mehrfach zu sehen. Das liegt daran, dass sie in unterschiedlichen Situationen und vor allem vor ehemaligen Heider Gebäuden abgelichtet wurden. Diese historischen Fotos wollte ich Ihnen nicht vorenthalten.
Schwelgen Sie also gerne in Erinnerungen an die vergangene Zeit, an Ihre eigene Kindheit und an das ehemalige Stadtbild Heides.

Die 1910 – 1920er Jahre

Dieses Foto, zur Verfügung gestellt von Herrn Bartschis, zeigt uns „das"
Ausflugslokal unserer Ahnen.
Es war das „Waldschlößchen".
Das Lokal gab der Waldschlößchenstraße seinen Namen.
Es lag schräg gegenüber der Rennbahn, dort, wo Sie heute im Imbiss 66 die
leckeren Grillhähnchen essen können.
Bis zum Herbst 1919 warben die Inhaber noch für Veranstaltungen.
Danach wurde es ruhig um dieses Lokal, in dem Hotelgäste untergekommen
waren, Bälle gefeiert und so manches Familienfest abgehalten wurde.
Ein großer Konzertsaal war in diesem Gebäude vorhanden, es gab ein
Wirtschaftsgebäude, eine Kegelbahn, Ställe und eine Bedürfnisanstalt auf dem
Hof.
Zu Beginn der 1920er Jahre wurde das Haus zu Wohneinheiten umgebaut, bis es
Anfang der 1970er Jahre abgerissen wurde.

1910 sehen wir Familie Kühl vor ihrem Haus in der Meldorfer Straße stehen.

1915 stellte sich Familie Kühl in der Meldorfer Straße noch einmal für ein Foto auf.

1916 wurde Familie Dahnke in der Wachthausstraße für ein Foto aufgereiht.

1917 sehen wir Franz Schandert sen. mit seinen Schwestern.
Der Hut der Schwester war ihr ganzer Stolz.

1918 wurden die „Reich – Schwestern" auf dem Foto festgehalten.
Einige der Mädchen kennen Sie vielleicht noch?
Links ist die spätere Lenchen Laeske zu sehen, rechts die spätere
Käthe Wittke. Auf dem Stuhl sitzt die spätere Elli Schmidt.
Die Bonbonfabrik, die Vater Reich lange Jahre in der Großen Westerstraße
führte, belieferte hauptsächliche Ärzte mit „Brustbonbons".

1919 steht Familie Westphal mit den Kindern Heinrich und Paula in der Hamburger Straße/ Ecke Stiftstraße. Zu der Zeit hieß dieses Straßenstück noch Bahnhofstaße.
In dem umgebauten Gebäude befindet sich jetzt Bäckerei Scharbau.

1919 stehen Max und Albertina Hinrichs mit zwei ihrer Kinder vor dem jüngst erbauten Haus in Freudenthal - heute Norderstraße.

Um 1920 entstand dieses Foto aus der Norderstraße.
Es zeigt die Familie von Otto Schandert.

1920 Dieses Foto hat Herr Steffensen bis heute für uns aufbewahrt. Es ist in der Norderstraße aufgenommen worden.

Sport in den 1920ern. Vierte von rechts Käthe Hinrichs. Beide Fotos stammen von Frau Steffensen.

...auch in den 20ern. Was mögen die Mädchen gerade in ihre Dosen gesammelt haben?

Aus den 1920ern stammt diese Aufnahme, die Edgar Hansen aufbewahrt hat. Das Hotel „Zur Börse" befand sich an der Südseite des Marktes, Nummer 26. Auf dem Schild an der Verkaufsbude lesen wir: Carl Hansen. Er handelte mit Zucker- und Räucherwaren.

1920er Diese Aufnahme verdanken wir Franz Schandert.
Der Gasthof Ehlers befand sich am Landweg, heute Hamburger Straße.

Erinnern Sie sich an Erna Weißenborn?

Erinnern Sie sich an Erna Weißenborn?

Viele von Ihnen haben die kleine Frau, die eine ganz Große war, durch Heide laufen sehen. Fast immer trug sie einen Hut und häufig hatte sie ihre Tochter an der Hand.
Geboren wurde die Schriftstellerin, Dramatikerin und Journalistin am 10. Juli 1898 in Köln. Als 10jährige kam sie nach Heide und starb hier am 19.März 1973.
Bereits mit 14 Jahren gab Erna Weißenborn zwei Erzählungen zum Heider Anzeiger", wo sie veröffentlicht wurden.
Jahrzehnte folgten wegen der großen Beliebtheit immer wieder kleine Geschichten von ihr, die auch in verschiedenen Zeitungen Deutschlands gedruckt wurden.
Gedichte und Romane ließen nicht lange auf sich warten. Es folgten Hörspiele, die gebannt am Radio verfolgt wurden, und Theaterstücke, die Erna Weißenborn im ganzen Land bekannt machten.
So wundert es nicht, dass auch Kinoverfilmungen folgten.

Mit der von ihr in Heide mitgegründeten „Nordseebühne" fanden zahlreiche ihrer Theaterstücke im Heider „Tivoli" ein begeistertes Publikum.
Zu ihren bekanntesten Romanen, die im Heider Bereich spielen, gehören „Der rote Husar" und „Glanz auf allen Wegen".

Erna Weißenborn heiratete 1925 den damaligen Chefredakteur des „Heider Anzeigers", Richard Spangenberg. 1928 erblickte ihre gemeinsame Tochter Gudrun das Licht der Welt.

Im Süden der Stadt wurde der „Erna-Weißenborn-Ring" nach ihr benannt und in der Museumsinsel gibt es einen kleinen Raum, der an sie erinnern soll.
Martina Fluck produzierte im Jahr 2000 den Dokumentarfilm „Erna Weißenborn – Eine Frau schreibt ihren Weg".

Im vergangenem Jahr habe ich unseren ehemaligen Bürgermeister Herrn Stecher an sein in den Jahren 2011 und 2013 gegebenes Versprechen erinnert, den Grabplatz Erna Weißenborns auf dem Heider Züthpenfriedhof in die Ehrengräber der Stadt Heide aufzunehmen. Vor Ablauf seiner Amtszeit, im November 2018, hat er dieses Versprechen eingelöst. Dafür herzlichen Dank.

1929 zeigt uns eine unveröffentlichte Aufnahme von Erna Weißenborn mit ihrer kleinen Tochter Gudrun.

1930er Jahre

Alle ehemaligen Kinder dieser Jahrgänge berichteten, dass sie froh waren, überhaupt etwas zu essen zu bekommen.
Dennoch gab es Gerichte, über die sie sich besonders gefreut hatten.

Schwarzbrot mit Butter und Zucker bestreut
Mehlbeutel (Damals ausschließlich im Leinentuch gekocht)
Schwarzsauer mit Nieren und Mehlklößen
Bratkartoffel mit Spieleiern
Bunten Stuten mit Mettwurst
Mehlklöße(Klüten) mit Sirup
Mehlklöße mit Reis
Grießpudding mit Kirschsoße
Suppe mit Klößen
Warmen Haferschleim
Kaninchenleber
Buttermilchsuppe
Schokoladenpudding

1930 sehen wir Günter Vehrs mit seinen Geschwistern.

1931 schauen sich Erich Hamburger und das Lamm im Landweg neugierig an.

1930er zeigt die Familie Alma und Ernst August Hansen mit ihren Kindern.
Uns allen ist die Familie Hansen von den Jahrmärkten und Weihnachtsmärkten in unserer Stadt bekannt.

1931 steht der kleine Franz Schandert zwischen seinen Tanten in der Harmoniestraße. Rechts die Schwester Marlies.

1932 wurde in der Wesselner Chaussee diese Kindergruppe mit Günter Vehrs aufgenommen.

1932 läuft uns Günter Vehrs auf dem Marktplatz entgegen. Auf diesem besonderen Foto sehen wir noch die „Kohregen", die bis 1961 zum Heider Stadtbild gehörten.

1933 wurde Günter Vehrs für den Spaziergang in der Norderstraße in einen neuen Matrosenanzug gekleidet. Auch seine Mutter ist hübsch zurecht gemacht.

1933 Die beiden Schlingel, links Franz, rechts Otto Schandert, haben gerade eine Strafpredigt anhören müssen. Sie sollten Hühner einfangen und hatten dem Hahn „versehentlich" die prächtigen Federn ausgerissen.

… hier wird nicht Otto Schandert, sondern die Hühner gefüttert

1933 war die Sandkiste im Hinterhof des Schlachters Kraft Treffpunkt vieler Kinder. Der 3. von rechts ist Helmut Lorenzen, der hier erste Bekanntschaften mit dem Sand machte.

1934 zeigt sich Karl Kläden, rechts, mit seinen Geschwistern.

1934 ist in der Mitte Elsa Rees zu sehen. Wir befinden uns in der Louisenstraße.

1934 wurde Helmut Lorenzen in der Süderstraße abgelichtet. Stolz trägt er eine Kinderuhr, die Verwandte aus Hamburg mitbrachten.

1934 läßt sich Familie Buck in der Kirchhofstraße fotografieren

1934 steht Hildegard Böhmke auf Lüttenheid dort, wo heute der Parkplatz an der Schule Lüttenheid vorhanden ist. Im Hintergrund der Laden von Boje Voß.

1935 hat Herr Badelt die „Kleinen" durchs Fenster fotografiert.

Mama Schandert mit ihren Kindern zeigt sich 1935. Das Haus in der Harmoniestraße steht heute noch.

1935 sitzt Hildegard Böhmke mit dem Bruder in der Schaukel, die es im Garten des Ausflugslokals Grüntal in der Waldschlößchenstraße gab. Es war das Tanzlokal, in dem sich viele Heider/innen kennen und lieben gelernt haben.

1935 darf Hildegard Böhmke ins Nichtschwimmer-Becken in der Sophie-Dethleffs-Straße.

1935 Das Titelfoto stellte Hildegard Böhmke, dritte von links, zur Verfügung. Die Kinder der „Blunkschen-Colonie" sitzen auf dem Motorrad hinter der „Quick-Klause", die zu der Zeit Claus Butenschön gehörte.

Ich war von dem Foto so angetan, dass ich spontan – Titelfoto – dachte.

1935 sehen wir, wie Hildegard Böhmke die Tauben füttert.

1936 spielen Edith und Olaf Burmähl in der Mühlenstraße im Garten.

1936 wird Helmut Lorenzen, Mitte, im Bollerwagen gezogen. Es ist der Hinterhof von Schlachter Kraft in der Süderstraße.

1937 steht Erich Hamburger vor dem Elternhaus in der heutigen Hamburger Straße. Erkennen Sie sie alte Schlosserei und Fahrradhandlung Hamburger?

1937 sitzt Heinke Badelt in der Karre.

1938 dürfen Antje und Heinke Badelt mit dem Puppengeschirr spielen.

1938 wurde ein Fest auf dem Markt gefeiert. Die Kinder machten begeistert mit. Im Hintergrund das alte Rathaus.

1938 hält Karl-Otto Schmidt seine kleine Schwester Christel umarmt.
Karl-Otto war vielen Heidern als Fußballer bekannt. Christel und er waren Enkelkinder der Reichs, die die Bonbonfabrik in der Großen Westerstraße besaßen.
Christel erinnert sich noch heute mit Freude daran, dass die Geschwister dort einmal im Monat ! einen Lolli bekamen.

1938 spielen die „Thole Schwestern" Frauke, Elke und Lotte im Garten.

Weil allen älteren Heider/innen das Käsegeschäft von Wöhle und Thole bekannt ist, zeige ich Ihnen diese Werbeanzeige.
Das Käse-Import und Großhandelsunternehmen wurde 1885 gegründet und von Carl Wöhle und Hans Thole geführt.

1939 im Garten auf Lüttenheid sitzen die Urgroßeltern Wöhle mit ihren Urenkelinnen, die uns die Kinderstühle ihrer Zeit zeigen.
Ein Foto des Gründers Carl Wöhle wird hier wohl zum ersten Mal veröffentlicht.

1939 erkennen wir Frau Badelt mit ihren Töchtern Antje und Heinke. Die Nichte, links, durfte mit aufs Bild.
Frau Badelt ist, wie ich hörte, vielen von Ihnen in dankbarer Erinnerung. Hatte sie doch in der Süderstraße die Buchhandlung und in der Kriegszeit etlichen Kindern dadurch geholfen, dass sie immer noch ein Stückchen Papier fand, auf dem sie in der Schule schreiben konnten.
In der Buchhandlung bekam ich mein erstes Buch. Von Frau Badelt perfekt für mich ausgesucht.

1939 zeigt eine Aufnahme mit der Hebamme Frau Fölster

1939 dürfen die Töchter Heinke, links und Antje Badelt rechts, mit dem neuen Krämerladen spielen

1939 sehen wir auf dem „Bock" den kleinen Ernst Beschenbossel sitzen. Das Gebäude im Hintergrund stand auf „Lüttenheid", an der Ecke zum „Grünen Weg". Links hatte Heinrich Beschenbossel seinen Friseurladen und rechts befand sich die Schlachterei von Johann Beschenbossel. Dieses wunderschöne Gebäude wurde in den 1990er Jahren abgerissen. Heute klafft dort eine Baulücke.

Emil Lehmanns Frage an mich.

Einige von Ihnen werden sich an den „Heider Jung" Emil Lehmann, der sich sehr für die Österegge engagierte, erinnern.
Er bat mich vor ca. drei Jahren herauszufinden, was der Eintrag „Russenfriedhof" auf seiner Geburtsurkunde bedeutete.
Gerne hätte ich meine Recherche dazu noch zu seinen Lebzeiten abgeschlossen.
Lieber Herr Lehmann, Ihre Frage beantworte ich jetzt.

Die nördliche Seite der Kreuzstraße von der Hebbelstraße bis Anfang der Feldstraße war bis 1919 Kirchengrund gewesen.
Auf diesem Gelände befand sich ein „Russenkirchhof".
Von 1711 bis 1720 waren 3000 russische Soldaten in Heide einquartiert. 1711 herrschte eine heftige Pest in unserer Stadt, durch die zahlreiche Menschen starben. Unter ihnen auch Russen, die irgendwo bestattet werden mussten.
Sie fanden auf dem oben erwähnten Kirchengrund ihre letzte Ruhestätte. Ausnahme war am 07. Juni 1713 eine kirchliche Bestattung des Marschalls Kusma. Er war Marschall des Fürsten Menschkof (Mit diesem Namen fand ich den Eintrag im Beerdigungsregister des Heider Kirchenarchivs). Wir alle kennen seinen Gedenkstein, der noch vor der St. Jürgen Kirche steht – die Geschichte des „Russenkirchhofs" aber geriet in Vergessenheit.
Nahezu zwei Jahrhunderte weideten hier Kühe und die Jugend spielte auf der Grasfläche.
Die Stadt kaufte diesen Kirchengrund 1919, weil sie dort eine weitere Knabenschule erbauen wollte.
Der erste Weltkrieg und finanzielle Gründe verhinderten jene Pläne und so wurde ab 1925 diese Heider Ecke für private Wohnbebauung zur Verfügung gestellt.
Auch das Grundstück von Emil Lehmanns Eltern, Anfang der Feldstraße, gehörte dazu. Aufgrund seiner Hausgeburt wurde auf seiner Geburtsurkunde „Russenfriedhof" eingetragen.

Haben Sie schon mal von „Elias Regenwurm" gehört?

Dort, wo sich heute die Hebbelstraße und die Beseler Straße befinden, gab es bis Ende der 1940er Jahre eine Laubenkolonie. An der westlichen Seite der Hebbelstraße stand 1935 nur ein Haus, die östliche Seite war schon bebaut.
In der Laubenkolonie hatte sich der in Lunden gebürtige Ferdinand Peters eine Erdhöhle errichtet, in der er lebte und das geschah wohl so:
Bis Mitte der 1920er Jahre wohnte er in einem kleinen Anbau in der Feldstraße. Nachdem Ferdinand Peters in finanzielle Nöte gelangte und deswegen seine Miete schuldig blieb, verlor er seine Wohnung. Eine neue Unterkunft fand er in Heide nicht, weil niemand diesen „verrückten Spinner" bei sich aufnehmen wollte.
Es wurde behauptet, er esse Regenwürmer und Frösche.
Sein Äußeres trug wohl auch einiges zu einer negativen Wahrnehmung bei. Ferdinand Peters war ein schlanker, großer Mann. Meistens lief er barfuß oder mit leichten „Jesuslatschen" durch die Gegend. Fast immer trug er kurze Hosen mit einer Jacke darüber. Lange Haare, die ihm bis auf die Schultern fielen, waren wohl gewöhnungsbedürftig und entsprachen nicht der Norm. Zu dieser Zeit war er schon über 60 Jahre alt.
Ein Bauer hatte Mitleid mit ihm und erlaubte Ende der 1920er Jahre, dass er sich auf einem seiner Grundstücke - zwischen Hebbelstraße 5 und 7 und der Beseler Straße - eine Notbehausung errichten durfte. Diese bestand aus einer teilweise überirdischen, teilweise unterirdischen Höhle. Eingerichtet war sie mit einem alten Ofen und einigen wenigen Möbelstücken. Auf der Parzelle pflanzte Ferdinand Peters allerlei Gemüse an, so dass er sich davon ernähren konnte.
Heute würden wir ihn wohl als naturverbunden bezeichnen.
Wegen seiner unterirdischen Behausung und dem, was ihm über seine Ernährung nachgesagt wurde, wurde er „Elias bzw. Alias Regenwurm" genannt.
Die Heider Kinder waren fasziniert von diesem so andersartigen Mann. Mancher Ausflug führte in die Laubenkolonie, um durch Zaun und Gebüsch einen Blick auf „Elias" und seine Behausung zu werfen. Bei vielen Jungen war der Reiz groß, diesen Mann zu ärgern. Aus sicherer Entfernung riefen sie ihm „Elias Regenwurm" zu. Da er aber immer nur mit einem freundlichen Lächeln reagierte, wurde dieses Ärgern bald langweilig.

Von dem Geld, über das er verfügen konnte (Eine kleine Rente und geringe Einnahmen als Händler), gab er sogar denen ab, denen es schlechter ging als ihm.
Häufig wurde er gesehen, wenn er über die alte Eisenbahnbrücke ging, um mit der Kleinbahn über die Dörfer zu fahren. Immer mit einem Pappkoffer in der Hand, in dem sich das befand, was er verkaufen wollte. Baumwollborden und von ihm verzierte Postkarten sollen es gewesen sein.
Er tat keiner Menschenseele etwas – aber er passte nicht ins System seiner Zeit. Als er dabei gesehen wurde, wie er nackt auf seinem Grundstück ein Sonnenbad nahm, war es um ihn geschehen.
Der damalige Bürgermeister ließ Ende der 1930er Jahre seinen Höhlenbau „ausheben" und Ferdinand Peters wurde in das Heider Altersheim gebracht. Nach Kriegsende, im Mai 1945, verließ er das Altersheim und kehrte zu seiner Parzelle zurück, wo er im Juni des Jahres tot aufgefunden wurde. Ferdinand Peters war 80 Jahre alt geworden.
Weil so viele ehemalige Heider Kinder seine Geschichte im Gedächtnis haben, habe ich sie nach deren Erinnerungen hier für die Nachwelt festgehalten.

Als ich vor ca. 20 Jahren in der Museumsinsel Lüttenheid zu Wilhelmine Postel recherchierte, fielen mir auch Fotos des „Höhlenbaus" Ferdinand Peters in die Hände. Ich machte mir damals Kopien der Aufnahmen.
Da die Kopien von sehr schlechter Qualität sind, konnte ich sie für dieses Buch nicht verwerten. Als ich unserem neuen Bürgermeister, Herrn Schmidt-Gutzat, diese Kopien zeigte, hat er dafür Sorge getragen, dass mir die Originalaufnahmen in der Museumsinsel herausgesucht wurden.
Für seine Unterstützung und die Genehmigung, sie hier zu veröffentlichen, sage ich herzlich Danke.
Nachdem die Fotos ins Heider Stadtarchiv gebracht wurden, bestätigte Frau Peters-Sinoradzki die einmalige Veröffentlichung der Fotos für dieses Buch.
Auch ihr gilt mein Dank.

So sah das Laubengrundstück mit der oberen Bebauung von Ferdinand Peters aus.

Ein Blick ins Innere der Unterkunft

Das Grundstück, auf dem Ferdinand Peters sein Gemüse angebaut hatte.

Hinter der großen Pforte, rechts im Bild, standen die Kinder und riefen Ferdinand Peters „Elias Regenwurm" zu. Im Sommer war es nicht möglich, einen Blick auf das zugewachsene Grundstück zu werfen.

Es ist heute kaum vorstellbar, dass Ferdinand Peters sommers wie winters in dieser Behausung mehr als ein Jahrzehnt gelebt hat.

1940er Jahre

In dieser Zeit gehörten zu den Leibspeisen:

Erbsensuppe
Mehlbeutel mit Stachelbeer- oder Kirschsoße
Bockwurst
Grünkohl mit Speck
Pfannkuchen mit Zucker
Pellkartoffeln mit Salz und Margarine
Schwarzsauer mit Nieren
Birnen und Bohnen mit Speck

1940 wurden im Garten der Süderstraße Bäume gefällt.
Für die Kinder und Heinke Badelt, rechts, ein tolles Erlebnis.

1940 wurde in der Ernst-Tamm-Straße in der Sandkiste gespielt.
Rechts sehen wir Edith Burmähl.

1940 wurden diese Mädchen mit ihren neuen Gamaschenhosen am Ostpool im Bild festgehalten. In der Mitte steht Anneliese Lorenzen.

1941 sitzen die Schwestern Thole im Garten. Die alte Mauer im Hintergrund steht heute noch.

1941 Wie schön, dass die Schwestern Frauke, Lotte und Elke Thole gemeinsam Platz in der Hängematte gefunden haben.

1941 Idylle im Hinterhof bei Thole – wir sehen Frauke, Elke und Lotte.

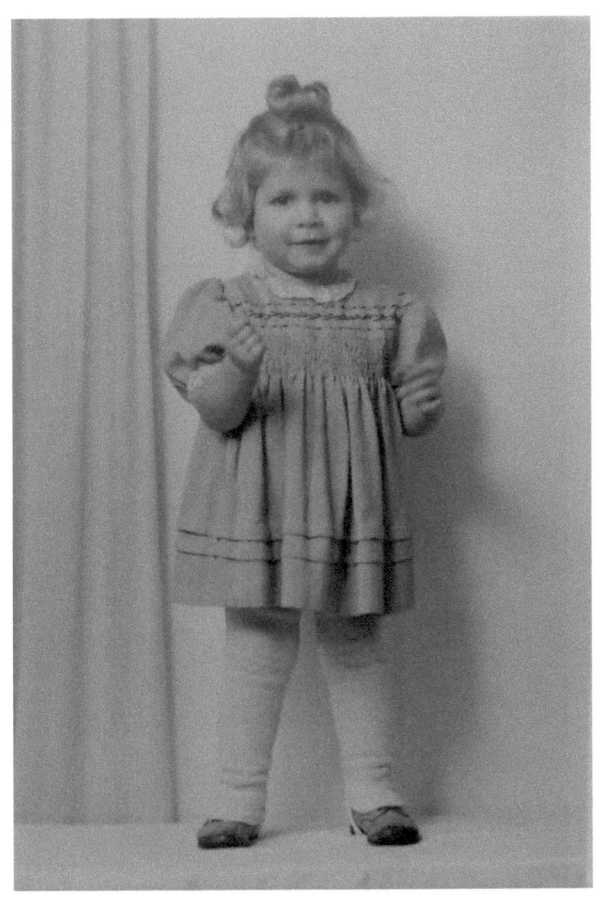

1941 strahlt uns Sybille Pignol entgegen.
Sie konnte noch nicht wissen, dass sie Jahrzehnte später die
Nachlassverwalterin ihrer Tante Erna Weißenborn werden würde.

1941 macht Papa Badelt mit den Töchtern und Sohn einen Spaziergang an der „Neuen Anlage".
Bilderrätsel: Was fehlt auf diesem Foto?
Richtig – das Versorgungsamt war noch nicht gebaut. Der ehemalige Garten der Frau Postel reichte noch bis an die Straße.

1942 stehen Anneliese und Franziska Lorenzen vor der Gaststätte der Rennbahn in der Waldschlößchenstraße.

1942 besitzt Edith Burmähl in der Ernst-Tamm-Straße das neueste Modell eines Puppenwagens. Sie weiß noch heute, dass es das Modell „Brennerbar" war.

1942 zeigt uns Gisela Lorenzen ihren Roller bei Schlachter Kraft in der Süderstraße.

1942 Familie Badelt wohnte in der Süderstaße und nahm ein Sonnenbad.

1942 sehen wir Peter Peters mit seiner Mutter vor dem Haus in der Kirchhofstraße. Die alte Gaslaterne hängt noch am Gebäude.

1942 hat Karl Kläden, rechts, den Hochsitz in den Kreistannen erobert. Die kleine Schwester durfte nicht mit hinauf.

1942 sehen wir eine braun gebrannte Inge Wohld auf dem Schoß von Anni Peters. Das Schaufenster, vor dem die Beiden sitzen, gehörte zu dem Verkaufsladen vom Klempnermeister Friedrich Peters. Es befand sich in der Güterstraße.

1943 trägt Peter Peters seine Katze „Pussi" wie immer spazieren.
In der Kirchhofstraße, dort vor dem Haus im Hintergrund, saß er häufig mit seiner Katze auf den Stufen.
Das Foto ist so zerknittert, weil es von Peters Ehefrau seit Jahren in der Brieftasche mitgeführt wird.

1944 hält gerade Milchmann Thiedemann mit seinem Pferdewagen in der Westerweide.
Die kleine Franziska Lorenzen spielt derweil Springtau.

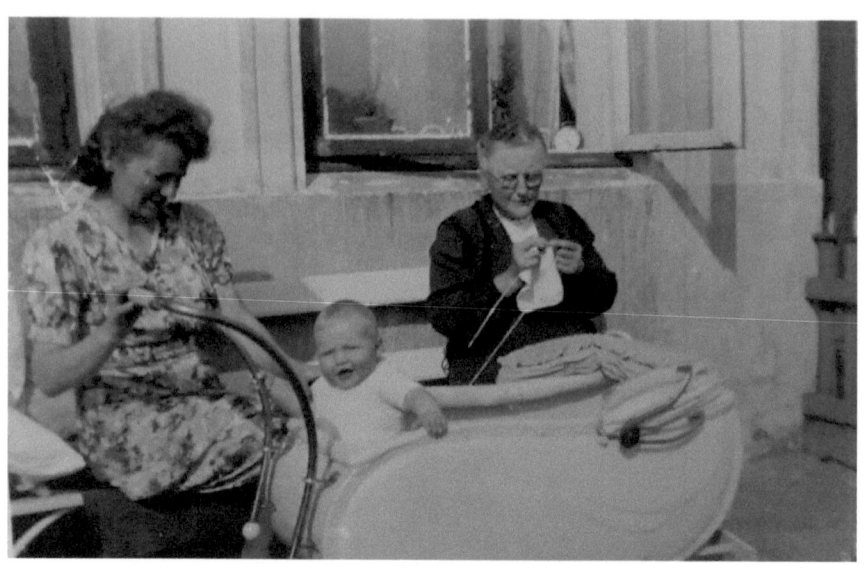

1944 freut sich Christel Timm – Oma strickt derweil.

1944 bewundert Erika Petersen, rechts, die Hühner im Freudentaler Garten.

1944 waren die Thole Schwestern fast identisch eingekleidet. Das Foto ist zwar unscharf, aber es zeigt uns die Mode der Zeit.

1945 weiß „das arme Schwein" noch nicht, dass es gleich von Johann Beschenbossel geschlachtet werden soll. Der kleine Ernst durfte mit aufs Foto.

1946 darf Wiebke Badelt mit Papa Fahrrad fahren.
Sie kennen doch sicher auch noch den kleinen Fahrradsattel, der vorne am Lenker angebracht und die Fußstützen, die seitlich befestigt waren?
Heute undenkbar, aber wir Kinder hatten es genossen!

1946 sehen wir im Vordergrund Christel Timm, im Hintergrund die ehemalige Jugendherberge in der Alfred-Dührsen-Straße.

1946 in der Gärtnerei Lorenzen an der Westerweide stehen Franziska und Anneliese Lorenzen unter der Wäsche.

1948 gab es im alten Pastorat Kinderfasching. Sybille Pignol, rechts unten, war dabei. Die Kostüme waren von den Müttern genäht worden.

1948 in der Ballettschule in der Großen/Kleinen Westerstraße, links unten Sybille Pignol. Die Schule war im Gebäude von Claussen, Große Westerstr. 20, untergebracht. Heute gibt es dort nur noch eine Baulücke.

1948 haben sich die Kinder in Freudental zu einem Gruppenfoto eingefunden. Die Kleine, zweite von links, ist Erika Petersen, rechts außen ihre Schwester.

1949 liest Veronika Michanickl ganz versunken in der Feldstraße das Buch, das der Osterhase versteckt hatte. Ihr Körbchen liegt auf der Erde.

1949 meldet sich Dörte Jacobsen auf Lüttenheid zu Wort. Neben ihr der Bruder.

1949 werden Gertraud Skibbe, rechts, ihre Schwester Hilde Espe, links, und die Kinder in der Süderstraße fotografiert.

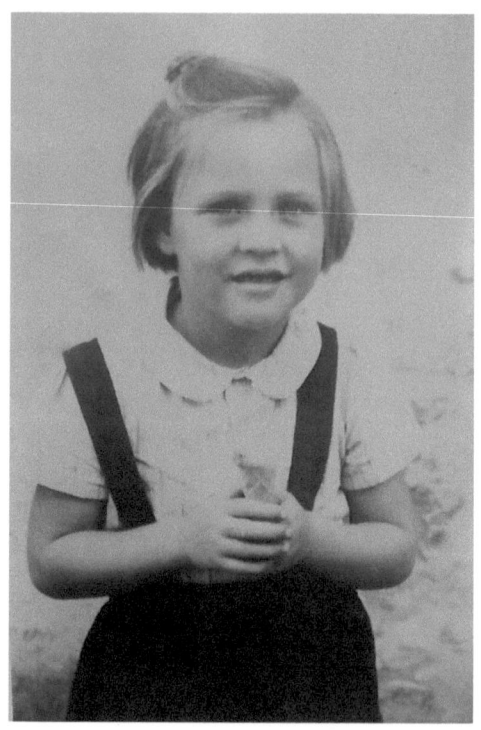

1949 durfte sich Ingrid Hinrichs für einen „Groschen" ein Eis bei Oma Beyer in der Bergstraße – Mistgang kaufen.

1950er Jahre

Die Lieblingsgerichte hatten sich noch nicht sehr verändert:

Bratkartoffeln mit Spiegelei
Milchreis mit Butter und Zimt
Himmel und Erde (Kartoffelpüree mit Apfelmus)
Birnen und Teig
Gemüse jeglicher Art
Schwarzsauer mit Nieren
Gulasch mit Rotkohl

Erst für die 60er Jahre treten vermehrt Braten, gegrillte Hähnchen und auch Krabben auf. Spinat, Spiegeleier und Milchsuppe gehörten jetzt auch zu den Gerichten, die gerne gegessen wurden.

1950 sehen wir Veronika in der Feldstraße einmal in der Zinkwanne sitzen und mit den Gartengeräten hantieren.

1950 sitzen Brigitte und Renate Schröder vor dem Haus in der Klaus-Groth-Straße.

1950 trägt Anneliese Lorenzen, Mitte, das Baumwollkleid, das mit einem Care-Paket aus Afrika angekommen ist.

1951 auch in der Klaus-Groth-Straße, zeigen sich Mutter Schröder mit Renate, links, und Brigitte, rechts.

1951 gut gekleidet zeigt sich Peter Peters mit seiner Oma in der Kirchhofstraße.

1951 war das Gebäude von Feinkost Steffensen in der Johann-Hinrich-Fehrs-Straße neu erbaut. Typisch für die Zeit - die Jungen mit Bollerwagen am Fahrrad.

1951 sitzen die „Westerweider" Kinder vor Lorenzens Haustür.
Dritte oben links Franziska.

1951 war der beliebte Standesbeamte Otto Schandert, der etlichen Heider Vereinen angehörte, gestorben. Mit der Trauerkutsche sollte er durch die Innenstadt gefahren werden. Allerdings gingen die Pferde wegen eines lauten Knalls in der Großen Westerstraße durch. Sie waren nicht mehr zu beruhigen und deswegen zogen die Männer der freiwilligen Feuerwehr die Kutsche durch unsere Stadt. Links geht Pastor Manitius vor dem alten Rathaus, der ehemaligen Wirkungsstätte Otto Schanderts, und auch Kinder spazierten neben dem Trauerzug her.

1951 sitzt Franziska Lorenzen, rechts, mit ihrer Freundin in der Badeanstalt

1952 sitzt Christel Timm mit den Brüdern Rolf und Heino im Garten um Brause zu trinken.

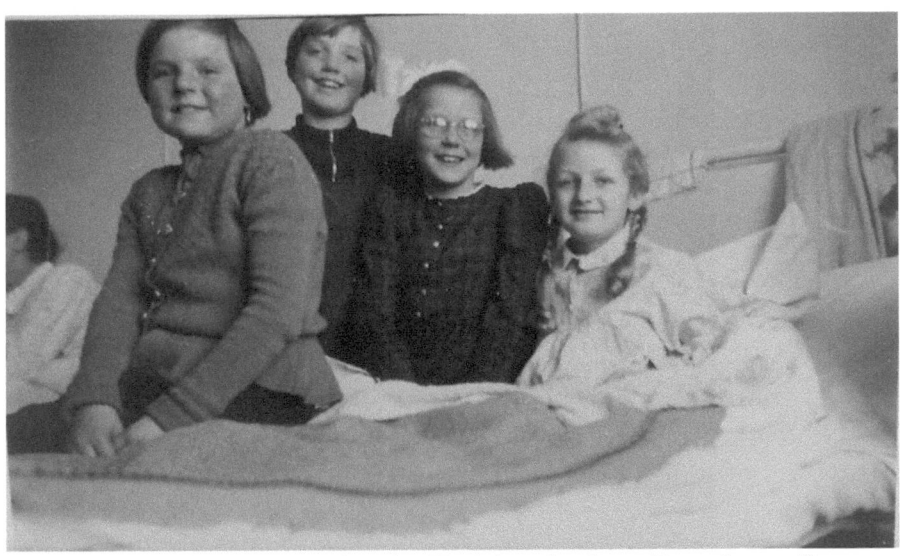

1952 bekam Erika Petersen, rechts, im Kreiskrankenhaus Besuch von ihren Freundinnen. Sie hatte eine Lungenentzündung.

1952 präsentieren die Mädchen in Freudental ihre Puppenwagen.
Ute Trümler, dritte von links, ist dabei.

1953 zeigt sich auch Veronika Michanickl mit Oma, Bruder und Luftballon in der Feldstraße. Heute ist sie mit Peter Peters verheiratet.

1953 dürfen Dörte Jacobsen und ihr Bruder bei der Hausschlachtung in der Kreuzstraße dabei sein.

1953 Uwe Beschenbossel, rechts, präsentiert uns hier den besten Hund der Welt. Der Neufundländermischling Max war sein ein und alles. Der kleine Freund Wolfgang durfte mit aufs Bild.

1953 übt die „Speedeel" ein Stück. Karin Jahn, die dritte in der zweiten Reihe von unten hat die „Quetsche" in den Händen.

1953 gönnt sich Jürgen Muhl im Wohnzimmer ein kleines Bad.

1954 feiert Veronika Michanickl, rechts, ihren Geburtstag.

...und auch ihre Freundin Dörte Jacobsen, Mitte, darf auf Lüttenheid feiern.
Das Gebäude hinten rechts, musste später dem Brückenbau weichen.

1954 gab es für Christel Timm die erste Tanzstunde im Tivoli.

1954 hat Renate Schröder lange gekämpft, bis die Eltern diese kurze Hose erlaubt hatten.

1954 sind Gudrun Busack und ihr Bruder Gerd froh, dass Mama von der Kur zurück ist.

1955 zeigt uns Dörte Jacobsen ihre neue Puppe.

Peter Fahrenkrog hält im Hochfelder Weg sein Kaninchen im Arm.

...mit seinem geliebten Pflegevater Peter Halle, war der kleine Peter Fahrenkrog häufig unterwegs. Hier im Hochfelder Weg.
Sein Pflegevater wäre sicher stolz darauf gewesen, dass sein Pflegesohn uns seit Jahrzehnten als erfolgreicher und vertrauenswürdiger Immobilienmakler bekannt ist.

1955 sitzt Kurt Finke im Garten der Goethestraße. Die westliche Seite war noch nicht bebaut, Kleistraße und Schillerstraße vielleicht in der Planung und die Lessingstraße war noch ein Feldweg, der zum Hof von Bauer Horning führte.
Heute ist alles dicht bebaut.

1956 ist wieder Geburtstag angesagt. In der Mitte Veronika.

… und stolz wird der neue Roller zur Schau gestellt.

1956 ist Dörte Jacobsen mit beiden Omas in der Kreuzstraße zu sehen. Das alte Stellwerk der Bahn ist gut zu erkennen.

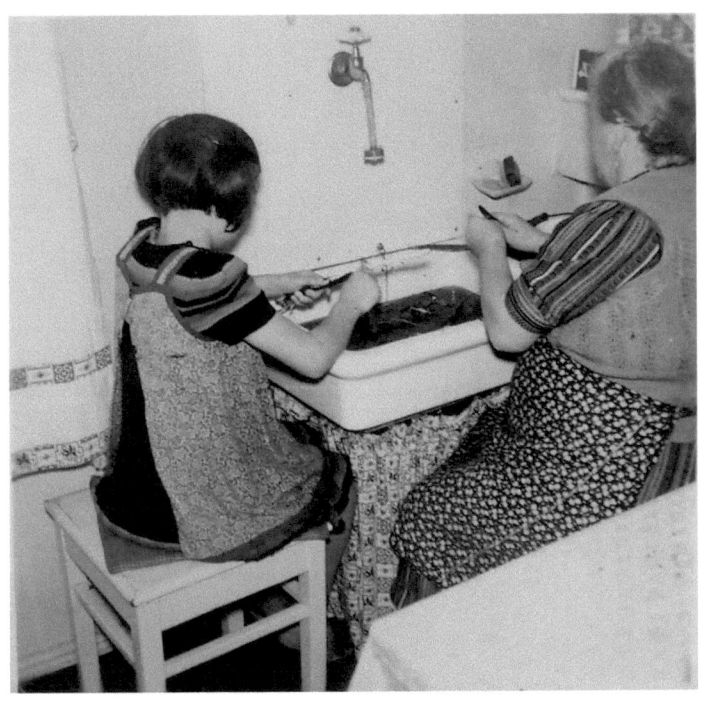

...und Veronika liebte es, mit der Tante Schwarzwurzeln zu reinigen

1956 zeigt die sportliche Gudrun Busack uns, wie sie die Kreuzstraße mit dem Springseil bewältigt.

1956 bietet Lehrer Beyersdorf mit dem Schulorchester auf Lüttenheid ein Ständchen. Vorne in der Mitte ist Karin Jahn ernsthaft dabei.

1957 zeigen uns Gudrun Busack und ihr Bruder Gerd ihre neuen Roller am Kaiser-Wilhelm-Platz.

1957 hockt Jürgen Muhl in der Goethestraße, die jetzt beidseitig bebaut ist.

… und hier präsentiert er uns stolz seinen Roller.

…..was hat sich Jürgen dabei gedacht? Die Puppe liegt schon auf dem Rasen, wird der Puppenwagen folgen?

1957 haben Thomas und Volker Hellmann sich den Platz in der Karre geteilt.

1960er Jahre

1960 stehen Heino Timm und Freunde vor dem Bus am „Gummibahnhof".

Wir dürfen einen Erinnerungsblick in den Laden von Kaufmann Witt, am Markt 52, werfen. Karin Jahn steht hinter dem Verkaufstresen und hat das Foto für uns aufbewahrt.

1961 haben Heinke Wendt und Klaus Bies geheiratet.
Diese Aufnahme wählte ich aus, weil das Gebäude von Claussen, ehemals Greulig, in der Großen Westerstraße 22, heute nicht mehr existiert.
Dort wo es stand, ist heute eine Baulücke.
Im Hinterhof dieses Gebäude befand sich eine Ballettschule und auch ein Boxclub hatte seinerzeit dort ein Zuhause.
Die Kleine unten links bin ich.

1961 stehe ich, rechts, mit meiner besten Freundin Heidrun auf dem Heider Bahnhof. Wir sollten zur Erholung nach Braunlage im Harz. Im Hintergrund der damalige Kiosk. Ich erinnere mich daran, dass unsere Mütter Bahnsteigkarten für 10 Pfennig kaufen mussten, damit wir den Bahnhof überhaupt betreten durften.

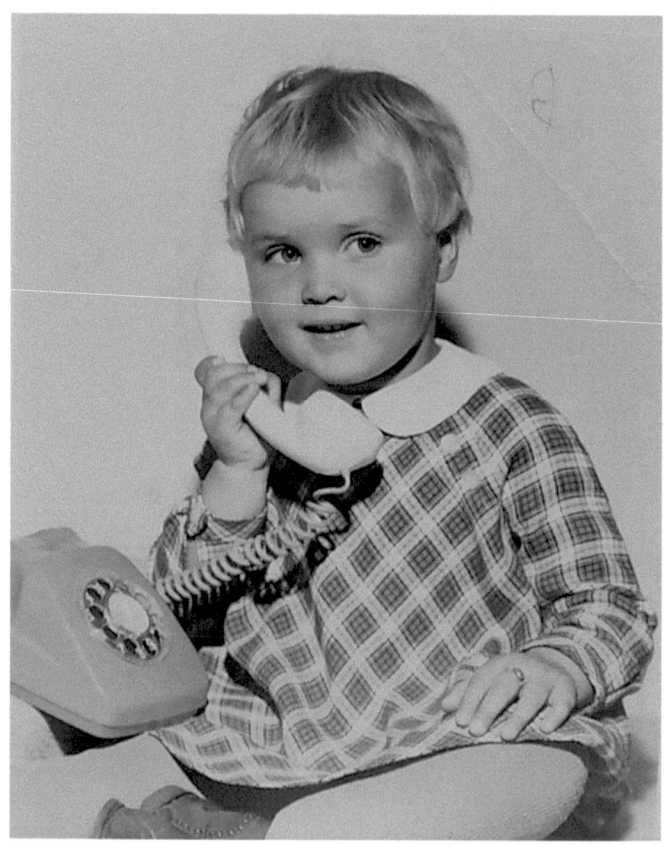

1962 sehen wir Britta Lorenzen mit einer „Antiquität".

Liebe Kinder von heute – das war das Telefon mit dem wir bis in die 1980er Jahre alle telefoniert hatten.

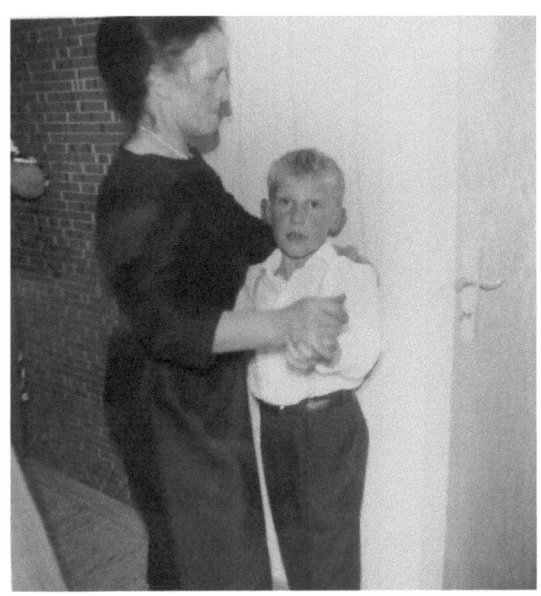

1963 wagt Edgar mit seiner Oma Alma Hansen ein Tänzchen

1964 soll in der Jahnstraße ein Swimmingpool gebaut werden und Edgar hilft bei der Ausschachtung

1964 ist Martin Hellmann stolz auf sein Schildkröte „Urschi".

1964 hat Thomas Hellmann den Apfelbaum erobert

Schulzeit

Ist Ihnen eigentlich bekannt, dass Lehrerinnen früher unverheiratet sein mussten, wenn sie unterrichten wollten?
Bis Ende des 19.Jahrhunderts gab es nur autodidaktische Frauen, die privaten Unterricht gaben. Ansonsten waren es oft die Ehefrauen der Lehrer, die für die Handarbeitsstunden zuständig waren.
Die erste Heider Privatschule für Mädchen gab es bereits 1838 – von einer Frau geleitet. Dort gab es für die Kinder "betuchterer Eltern " Unterricht in Englisch und Französisch.
Nachdem 1872 neue Schulgesetze der preußischen Regierung Anwendung fanden, endete der Einfluss der Kirche und der Selbstverwaltung für die Schulen.
In diesem Jahr gab es dann auch die erste, in Schleswig geprüfte, Lehrerin für Heide.
Es war Bertha Maria Julie Brandt. Sie wurde für die dritte Mädchenklasse angestellt.

Erst 1919, nach Einführung des Wahlrechts für Frauen und dem darauf folgenden Kampf einiger Frauen für eine Gleichstellung weiblicher Lehrkräfte, wurde das „Zölibat" für Lehrerinnen aufgehoben.
Sie durften jetzt heiraten **und** unterrichten.

Zeitgleich wurde erstritten, den Mädchen an Orten, an denen sich keine höhere Mädchenschule befand, die auf das Universitätsstudium vorbereitete, den Besuch der höheren Knabenschulen zu gestatten.

1914 sehen wir die Mädchenklasse mit Elsa Reese 4.von rechts, 2. Reihe von unten. Im Hintergrund die alte Turnhalle auf dem Tivoli-Gelände.

1917 ist Franz Schandert sen. (x) auf dem Klassenfoto zu sehen. Knabenschule Blumenstraße.

1923 dürfen wir einen Blick in einen Klassenraum der Mädchen werfen.
Das dritte Kind oben links ist Paula Westphal.
Hier erkennen wir die alten Schulbänke, die auf die Größe der Mädchen
keine Rücksicht nahmen. Einzelne Stühle waren auch nicht vorhanden. So
saßen die Mädchen, egal wie klein oder groß sie waren, in einer Bank.
Es war gerade Handarbeitsstunde. Die Mädchen haben alle kleine Kisten
mit den Nähutensilien vor sich und kleine Handarbeiten in der Hand.
Die Lehrerin in der Mitte des Fotos ist schon nach der neuesten Mode
gekleidet.

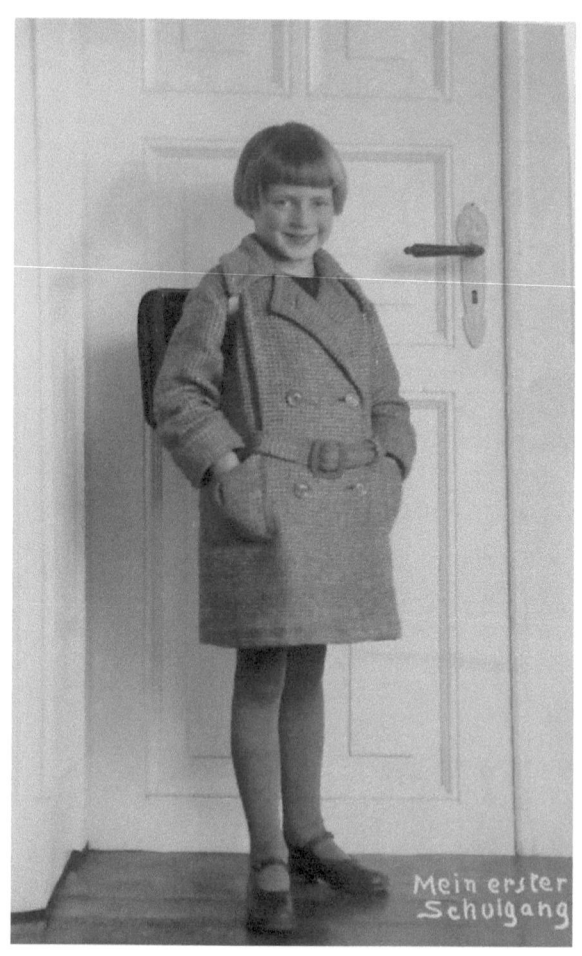

1929 bekam Greta Peters den neuen Mantel zur Einschulung.

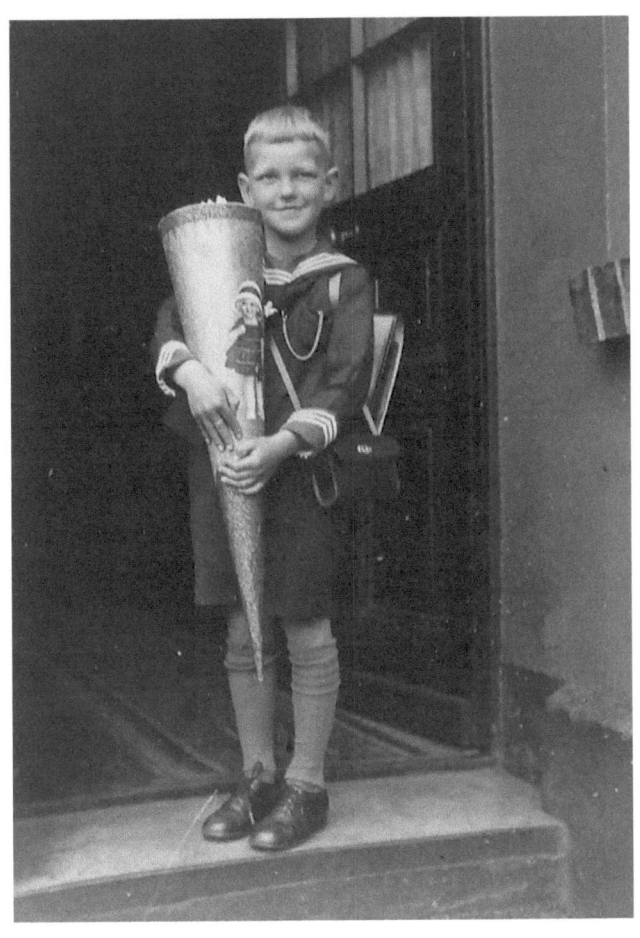

1930 Dieses Foto der Einschulung hat Jürgen Muhl aufbewahrt. Leider weiß er nicht, welcher seiner Verwandten hier gezeigt wird.

1936 freut sich Franz Schandert auf die Schule. Er bekam ein gefülltes Osterei statt einer Schultüte mit auf den Weg.

1938 wurde Günter Vehrs eingeschult.

1938 Im Matrosenanzug und mit riesiger Schultüte freut sich Helmut Lorenzen auf die Schulzeit.

1940 erlebte Antje Badelt, links, ihre Einschulung.

Die Mutter hält die Tochter Heinke, rechts, im Arm und ihren Sohn auf dem Schoß.

1941 ist es auch für Günther Kläden Zeit für die Einschulung.

1942 bekam Inge Wohld ein hellblaues Kleid zur Einschulung.

1944 wird Erich Hamburger (x) mit seiner Klasse am Loher Weg abgelichtet.

1944 ging es für die Knaben zur Mittelschule. Auch Franz Schandert ist dabei.

1946 Vor dem Gang zur Schule wurde Franziska Lorenzen in der Gärtnerei abgelichtet. Im Hintergrund Häuser der Westerweide.

1947/48 zeigt die Mädchenklasse mit Sybille Pignol, 2.Reihe, dritte von links, mit der Lehrerin Frau Marohn.

1947/48 Dieses Foto haben gleich zwei ehemalige Schülerinnen eingereicht. Christel Schmidt, zweite Reihe von unten, dritte von links und Helga Matthies, zweite Reihe von oben, vierte von links.

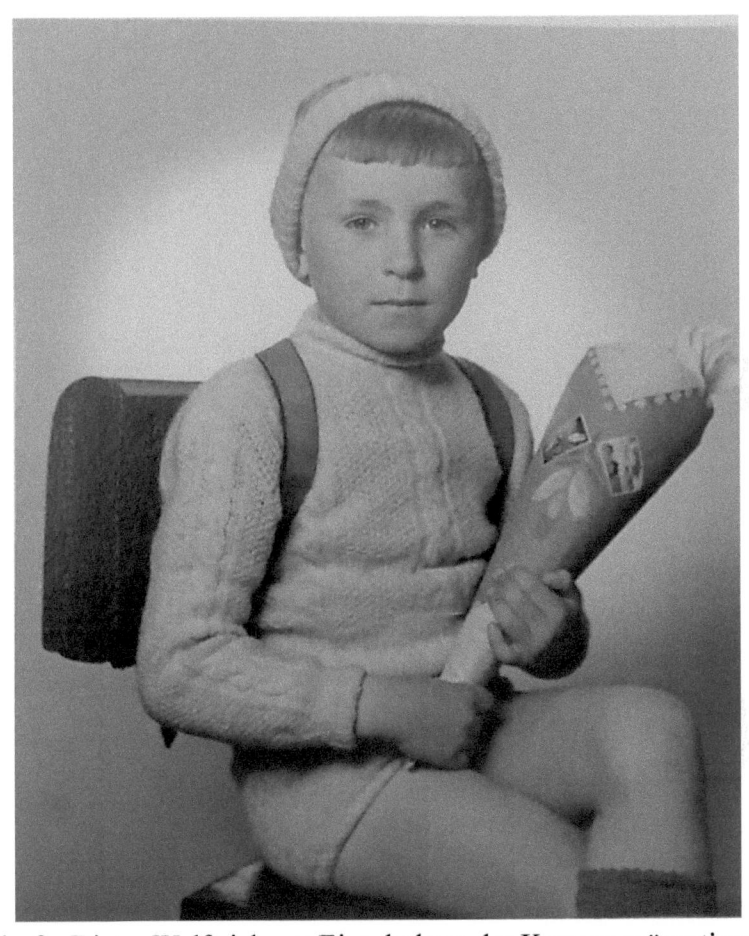
1947 durfte Dieter Wolf sich zur Einschulung der Kamera präsentieren.

1947/48 sehen wir in der zweiten Reihe von unten, vierte von links Christel Schulz.

1948 zeigt sich die Lehrerin Frau Ochmann mit ihrer Klasse.

1949 ist Heinz Schlump für den Schultag gut ausstaffiert.

1950/51 sitzt der Lehrer Beyersdorf inmitten seiner Schüler.

1950 wurde eigentlich Dörte Jacobsens Bruder eingeschult, aber auch sie bekam eine kleine Schultüte.

1950 freut sich Renate Schröder in der Klaus-Groth-Straße über ihre Schultüte.

1951 sehen wir die Mädchenklasse mit Sybille Pignol, oben, 3.links, vor dem Abgang zur Oberschule. Rechts Lehrer Maiwald.

1951 stehen die Jungs stramm. Oben links Dieter Wolf. Der Lehrer Herr Crueger ist auch dabei.

Im selben Jahr im Klassenzimmer des Loher Weges. In der zweiten Reihe, zweiter von links steht Dieter Wolf.
Was die Knaben hier gebastelt hatten, weiß er leider nicht mehr.

1953 trägt Dörte Jacobsen auf Kleinheide ihre Schultüte sichtlich stolz.

Auch Peter Fahrenkrog wurde eingeschult.
Aus eigener Kraft baute er später sein Immobilienbüro auf.

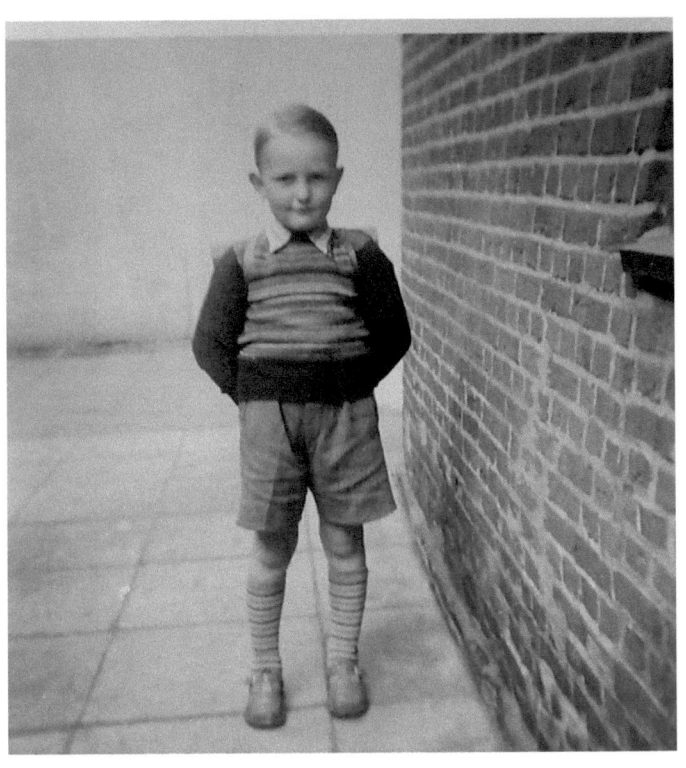

1953 war auch Uwe Beschenbossel für die Schule bereit.

1953 darf auch Veronica Michanickl aus der Feldstraße zur Schule gehen.

...und 1956 zeigt sie uns ihre Klasse auf Lüttenheid. Oben, 5.von rechts.

1957 in der Klaus-Groth-Schule sehen wir oben links Dörte Jacobsen.

1957 zeigt auch die Klasse von Renate Schröder, sitzend, 3.von links

1958 ist ein Klassenfoto vom Loher Weg mit Peter Peters.

1958 ist es für Franz Otto Schandert soweit. Die Schule ruft und er freut sich darauf.

1960 Frau Eickmeier, oben links, mit ihrer Schulklasse. Rechts unten Jürgen Muhl.

1962 zeigt sich Edgar Hansen mit seiner Mutter vor der Einschulung.

Das erste Heider Rathaus

Sehr viele von Ihnen werden sich noch an das alte Rathaus an der Markt-Ostseite, auch als „Graues" oder „Fürstliches Haus" bekannt, erinnern. Es war nicht nur das älteste Gebäude, sondern auch eine Zierde für die Stadt.
Dieses Haus hätte sicher viele Geschichten erzählen können, denn schon im 16.ten Jahrhundert soll es errichtet worden sein.
Wegen der drei Wappen, die in einem Relief vorhanden waren, wurde es dem Landvogt Dr. Christian Boie zugeordnet, der es um 1580 erbaut haben soll.
In diesem Gebäude wurden im Laufe der Jahrhunderte immer wieder hochrangige Persönlichkeiten untergebracht. So hat es Herzöge, Könige, und selbst den Zar von Russland, Peter den Großen, beherbergt.
Herzog Karl Friedrich wollte dieses imposante Haus gerne als Geschenk des Fleckens Heide erhalten. Als dies abgelehnt wurde, kaufte er es und so hatte Heide ein „Fürstliches Haus".
Nach dem Tod des Herzogs 1739 ging es wieder in Privathand, bevor die Stadt es im Jahr 1887 kaufte. Sodann diente es als Rathaus, beherbergte die erste Heider Volkshochschule und im rückwärtigen Gebäude war Platz für das erste Heider Heimatmuseum und die Landwirtschaftliche Schule.
Dass das alte Rathaus unter Denkmalschutz gestellt wurde, war richtig, weil wichtig.
Dass dieser Denkmalschutz aber aufgehoben wurde, um den Straßendurchbruch Richtung Hamburger Straße ausführen zu können, ist aus heutiger Sicht UNVORSTELLBAR.
Aber so ist es geschehen. Trotz heftigen Widerstandes seitens der Bevölkerung wurde dieses geschichtsträchtige Heider Gebäude im Mai 1960 dem Erdboden gleichgemacht.
Ein wesentlicher Teil der Heider Geschichte war somit gelöscht.

Das alte Heider Rathaus in den 1950er Jahren. Foto Franz Schandert.

Vogelschießen

1938 trägt Erich Hamburger die Fahne während des Vogelschießerumzuges.
Achten Sie doch bitte auf den alten Bus der Firma Jungjohann, rechts im Bild, die Viehregen im Hintergrund und vor allem auf das Gebäude des alten Rathauses oben links im Bild.

1938 – das erste Vogelschießen für Helmut Lorenzen. Der Roller wurde für das Fest besonders „herausgeputzt".

1938 bei den Spielen auf der Rennbahn. Die Knaben sehen erwartungsvoll aus.

1939 darf Anneliese Lorenzen, aus der Westerweide, mit, um das Vogelschießen anzusehen. Im Kinderwagen liegt Franzie.

1939 geht es durch die Süderstraße. Die Lederhandlung von Brügge, Nr.50, ist im Hintergrund zu sehen.

1948 Vogelschießen?
Eigentlich gehört dieses Foto gar nicht in diese Serie.
Edith Burmähl, die mit dem langen Zopf, erzählte, dass die Eltern, die in der Ernst-Tamm-Straße wohnten, für ihre Kinder ein internes Vogelschießen organisiert hatten. Die Freude ist in den Gesichtern zu erkennen.

1949 endlich wieder Vogelschießen! Die Kleine mit dem Schatten über dem Gesicht ist Brigitte Schröder.

1949 sehen wir rechts Dieter Wolf.

1949 vorne links läuft Günter Wolf mit durch die Brahmsstraße. Zu sehen ist auch das alte Gebäude vom Blumenladen Wittmaack. Das zweite Haus von rechts.

1950 wurde Peter Peters in der Kirchhofstraße fürs Vogelschießen „fein gemacht".

……...und Schwester Ellen durfte dabei sein.

1950 zeigt die Klasse von Rüdiger Steffensen am Wasserturm

1950 ist Christel Timm mit „Topfschlagen" an der Reihe.

1950 an der Kirche vorbei. Unter dem Blumenbogen läuft Erika Petersen.

1950 in der Brahmsstraße mit Franziska Lorenzen, vierte von links.

1950 schauen wir auf das Gebäude der Holzhandlung Gehlsen in der Feldstraße. Franz Schandert hat die Aufnahme gemacht.

1951 Am Markt, vorne Franziska Lorenzen, im Hintergrund das Cafe von Söhl.

1951 musste Siegfried Steffensen mit der Klasse nicht nur Regen, sondern auch starken Wind ertragen.

1951 wurde „scharf geschossen". Peter Peters am Gewehr, links Lehrer Lorenzen.

1951 wird Christel Timm, links, vor der „Postelvilla" abgelichtet.

1951 auf der Rennbahn sind die Spiele abgeschlossen. Links Franziska Lorenzen.

1951 ist Erika Petersen mit ihrer Freundin zu sehen.

1951 in Freudental – die mit der großen Schleife im Haar ist Erika Petersen.

1951 am Wasserturm – die fünfte von links ist Heinke Wendt.

1952 haben sich die Mädchen für das Vogelschießen hübsch gemacht. Ute Trümpler, in der Mitte, ist dabei.

1952 laufen Siegfried Steffensen und seine Mitschüler noch in kurzen Hosen und Kniestrümpfen.

..........und anschließend wurde auf der Rennbahn gespielt.

1953 in der Weddingstedter Straße, vorbei an Kaufmann Niemanns Edeka Geschäft. Veronika Michanickl, rechts, unterhält sich gerade.

1953 geht es zügig durch die Süderstraße. Die mit den Zöpfen ist Christel Timm.

1953 hat Siegfried Steffensen, mit dem Kranz auf dem Kopf, es geschafft, König zu werden.
Ein Foto von historischem Wert. Im Hintergrund das alte Rathaus, rechts die Litfaßsäule.

1953 soll der Bus die Kinder ins Tanzlokal bringen.
Dritter von links ist Dieter Wolf.

1953 spaziert Dieter Wolf, Mitte, mit seinen weißen Schuhen am Kleinbahnhof vorbei.

1954 Das zweite Mädchen von links ist Christel Timm. Ihre Eltern konnten nicht ahnen, dass auch dieses Foto einmal sehr wertvoll sein würde.
Cafe Söhl, links im Bild, ist vielen älteren Heidern ein Begriff. Wurde hier doch so manche Tasse Kaffee getrunken. Das alte Rathaus, direkt daneben, zeigt sich für das Fest im Flaggenschmuck. Die Litfaßsäule und die alten Autos am rechten Bildrand runden die Historie ab.
Einfach ein wundervolles Foto der Zeit.

1954 an der Süderstraße sehen wir nicht nur Uwe Beschenbossel, der stolz den Kasper in die Höhe hält, dritter von rechts, sondern im Hintergrund das alte Gebäude vom Möbelhaus Prox, an der Süderstraße gelegen.

1955 läuft Dörte Jacobsen ganz links im Bild.

1955 ist Uwe Beschenbossel der Fahnenträger. Im Hintergrund das Gebäude von Zigarren Bartels am Markt.

Dreimal Peter!

Peter Fahrenkrog, links, hat sich hier auf das Vogelschießen vorbereitet. Auch die beiden Jungen neben ihm heißen Peter.

1955 Gruppenfoto mit Siegfried Steffensen auf der Rennbahn.

1956 in der Großen Westerstraße läuft Veronika neben der Lehrerin Frau Mahron.

1956, in der Mitte Veronika Michanickl, rechts Lehrerin Frau Bruhn.
Im Hintergrund ist noch die alte Reithalle zu sehen.

1956 lässt Dieter Wolf, in der Mitte, uns einen Blick in die so sehr
veränderte Norderstraße werfen. Heute steht hier das Domizil.
Das Gebäude ganz rechts, stand als letztes Eckhaus gegenüber der
Hirsch-Apotheke. Auch dieses Haus wurde abgerissen.

1957 an der „Neuen Anlage". Erika Petersen und ihre Mitschülerinnen lassen uns sehen, wie sich die Mode verändert hat.

1958 Vorne läuft Gudrun Busack im Umzug, der an der alten Raiffeisenbank am Markt vorbeiführt.
Hinter dem Fenster, rechts im Bild, hat eine Frau sich den besten Platz ausgesucht, um den Umzug anzusehen.

1961 in der Norderstraße mit Dörte Jacobsen. Und wieder ein ganz anderes Bild der Mode der Zeit.

1963 Dritter Junge von links ist Edgar Hansen im schicken Anzug.

Winterzeit

1938 zeigt Inge Wohld in der Güterstraße ihrer Puppe den Schnee.

Winter 1939 in der Louisenstraße. Rechts Elsa Rees.

1940 stehen Christel Schröder und ihre Mutter am Markt vor dem Hotel „Landschaftliches Haus". Es befand sich am Markt 74.

1941 Erich Hamburger mit Freund in der Hamburger Straße. Der Freund trägt zur kurzen Hose nur eine Strumpfhose.

1941 stehen Karl Kläden und sein Bruder dort im Schnee, wo sich heute die „Dithmarscher Wasserwelt" befindet.

1942 genießt Edith Burmähl in der Ernst-Tamm-Straße das Winterwetter. Die Straße wurde erst 1938 gebaut.

1942 zeigt Mama Peters ihrem Peter seinen ersten Schnee.

...und wenig später sitzt er auf dem Schlitten in der Kirchhofstraße

1944 steht Erika Petersen am Hühnerstall in Freudental.

1945 sehen wir Peter Peters mit seinem Freund in der Kirchhofstraße.

1946 werden Peter Peters mit seiner Mutter und Schwester Ellen abgelichtet.

1948 wird Dörte Jacobsen vom Weihnachtmann bei der Westbank getragen.

1949 werden Rolf und Heino Timm von einem recht jungen Weihnachtsmann vor Böttcher getragen.

….den Weihnachtsmann kennen wir ja schon.
In Lüttenheid wird Uwe Beschenbossel vor der Schlachterei der Eltern von ihm besucht.
Durch das Schaufenster können wir die Würste, Käse und die alte Waage erkennen.

In den 50er Jahren durfte Peter Fahrenkrog den Weihnachtsmann vor dem Schuhaus Kraftzig am Markt treffen.

1951 Die befreundeten Kinder mit Skiern auf der Westerweide.
Dritte von links unten, Anneliese Lorenzen.

1956 zeigt uns Veronika Michanickl in der Feldstraße ihre neue Wintergarderobe.

Meine bisherigen Veröffentlichungen im Bezug zu Heide sind:

Der besondere Heider Friedhof　　　　ISBN 978-3-8423-8276-3
Es zeigt die Entstehungsgeschichte des
Züthpenfriedhofes, reich bebildert.

Schurersblut – Ein Dieb mit Herz　　　ISBN 978-3-7392-3389-5
Heide zu Beginn des 19 ten Jahrhunderts.
Schicksal eines liebenswerten Diebes.

Spuren der Dichterin Sophie　　　　　ISBN 978-3-7357-6288-7
Die Aufarbeitung des Lebensweges der
1809 in Heide geborenen Dichterin
Sophie Dethleffs in Romanform.

Geschichte(n) der „Blunck-Colonie"　　ISBN 978-3-7448-4901-2
und des Tivoli
Aufarbeitung der ältesten Colonie
in Heide.
In Zusammenarbeit mit Horst Peters

Wir waren Kinder in Heide　　　　　　ISBN 978-3-7528-5462-6
Fotochronik 1900 - 1959

Weitere Veröffentlichungen :

Schatten über Schloss Allstedt　　　　ISBN 978-3-7386-5540-7
Historischer Roman

Feuerhaar　　　　　　　　　　　　　ISBN 978-3-8423-3015-3
Historischer Roman